FRANCESCO RUSSO

Pinsa Kochbuch

Email: info@edition-jt.de
www.edition-jt.de

JT Handels UG
Berumer Str. 44
26844 Jemgum

INHALT

Die Geschichte der Pinsa 1

Was die Pinsa von einer Pizza unterscheidet 2

Rezepte 4

Die klassischen Varianten 1

Pinsateig Grundrezept *2*
Pinsa Romana mit Rosmarin *3*
Pinsa Salami *4*
Pinsa Schinken *5*
Pinsa Hawaii *6*
Pinsa Mais *7*
Pinsa mit Rucola und Frischkäse *8*
Pinsa Carbonara *9*
Pinsa Tomate-Mozzarella *10*
Pinsa Salami-Champignon *11*
Pinsa Scampi *12*
Pinsa Paprika *13*
Pinsa Ravioli *14*
Pinsa Hotdog *15*
Pinsa Thunfisch *16*
Pinsa Hähnchen *17*
Italienische Pinsa *18*
Pinsa Burger *19*
Auberginen Pinsa *20*
Pinsa Caesar Salad *21*
Pinsa mit Rinderfilet *22*

Sardellen Pinsa 23
Pinsa Kebab 24

Vegetarische Pinsa 25

Pinsa 4 Käse 26
Pinsa Blumenkohl 27
Pinsa Nudel 28
Pinsa Tomate 29
Pinsa Lauch 30
Pinsa Gurke 31
Pinsa Olive 32
Pinsa Zucchini 33
Pinsa Reis 34
Pinsa Grillgemüse 35
Pinsa Feige 36
Pinsa Feldsalat 37
Pinsa Spinat-Gorgonzola 38
Pinsa Ziegenkäse-Walnuss 39
Pinsa Bufala 40
Pinsa Ziegenkäse-Walnuss 41

Vegane Pinsa 42

Pinsa Erbsen-Minze 43
Pinsa Margherita 44
Pinsa Hummus-Spinat-Tomate 45
Pinsa Pesto 46
Pinsa Kräuter-Zwiebel 47
Pinsa Tomate-Feta 48
Pinsa Gemüse 49
Pinsa Zucchini-Pilz 50
Pinsa Sandwich 51
Pinsa Spinat-Pilz 52
Pinsa Kartoffel-Habanero 53
Pinsa Hot BBQ 54
Pinsa Curry 55

Pinsa saisonal 56

Frühlingspinsa 57
Sommerpinsa 58
Herbstpinsa 59
Winterpinsa 60
Pinsa Spargel 61
Pinsa Kürbis-Apfel 62
Pinsa Champignon 63
Pinsa Traube 64
Pinsa Rhabarber 65
Pinsa Kartoffel 66
Pinsa Rote Bete 67

Süße Pinsa-Variationen 68

Pinsa Schoko-Banane 69
Pinsa Granatapfel 70
Pinsa Beere 71
Pinsa Apfel-Zimt 72
Pinsa Pflaume 73
Pinsa Oreo 74
Pinsa Cookie Dough 75
Pinsa Ricotta-Erdbeere 76
Pinsa 15 77
Pinsa Schoko-Pistazie 78
Pinsa Apfel-Mandel 79
Pinsa Pfirsich 80
Pinsa Passionsfrucht 81

Soßen & Dips 82

Tomatensoße 83
Weiße Soße 84
Honig-Chili-Soße 85
Aioli-Dip 86
Mango-Chili-Soße 87
Mariana-Dip 88
Paprika-Feta-Dip 89
Erdnuss-Soße 90
Rote-Bete-Soße 91
Käse-Dip 92
Süßer Dip 93
Avocado-Dip 94

Die Geschichte der Pinsa

Der Ursprung der Pinsa liegt im alten Rom, wo die Bauern verschiedene Getreidesorten zerkleinert und zusammen mit Salz und Kräutern zu einem Teig verarbeitet haben. Daher kommt auch der Begriff Pinsa, der sich aus dem lateinischen „pinsere" ableiten lässt, was so viel bedeutet wie „zerdrücken" oder „zerquetschen". Die Pinsa galt als beliebte und anerkannte Opfergabe.

Zumindest ist Oberes die Version, die Corrado Di Marco, der eigentliche Erfinder der Pinsa, verbreitet hat, um Aufmerksamkeit auf sein Produkt zu ziehen. Später gab er zu, dass diese Geschichte nur eine Marketingstrategie war und nicht einmal ansatzweise der Wahrheit entsprach.

Diese Strategie hat auch gewirkt. Innerhalb kürzester Zeit wurde nicht nur die Pinsa so richtig beliebt, sondern auch die Geschichte verbreitete sich rasant. Ob die Verbreitung der falschen Herkunft für den Anstieg der Verkaufszahlen gesorgt hat, ist jedoch nicht ganz klar. Fakt ist: Die Pinsa hat es geschafft, sich auf dem Markt zu behaupten und mit ihrer Konkurrenz mitzuhalten.

In Wahrheit wurde die Pinsa nämlich erst 1981 zum ersten Mal hergestellt und erst 2001 wurde der Markenname „Pinsa romana" registriert. Dabei sollte absichtlich eine Ähnlichkeit zu der Konkurrenz der Teigware, nämlich der Pizza und der Pita, bestehen.

Was die Pinsa von einer Pizza unterscheidet

Auf den ersten Blick sind die Pinsa und die Pizza gar nicht so unterschiedlich. Bei beiden handelt es sich um italienische Teigwaren, die meistens mit leckerer Tomatensoße bestrichen sind und mit den unterschiedlichsten Zutaten belegt werden können. Dann am besten noch eine dicke Schicht Käse oder eine Käsealternative, die das Meisterwerk abrundet.

Aber warum haben beide einen unterschiedlichen Namen, wenn sie sich doch so ähnlich sind? Das liegt daran, dass es eben doch einen Unterschied gibt, der vor allem in der Verarbeitung des Teigs liegt.

Das fängt schon bei der verwendeten Mehlsorte an. Während für Pizza nur eine Art von Mehl verwendet wird, ist für Pinsa ein Mehlgemisch aus bis zu vier unterschiedlichen Sorten nötig. Dadurch wird der Pinsateig luftiger und innen eher weich. Er fühlt sich dann so an und schmeckt wie eine Art Fladenbrot.

Dieser Teig wird im Gegensatz zur runden Pizza dann oval geformt und in dieser Form gebacken. Bevor das jedoch geschieht, muss der Teig 72 Stunden lang ruhen, damit er sein volles Aroma entfaltet. Dafür ist Pinsa aber auch deutlich verdaulicher, da sie nicht so viel Hefe enthält.

Übrigens wird Pinsa häufig erst nach dem Backen belegt. Dadurch sind die Zutaten frischer und enthalten meist noch mehr Vitamine als nach dem Backen. Auch der Geschmack wird dadurch ganz anders, da Salami, Gemüse und Co. gekocht/gebacken größtenteils noch einmal einen ganz anderen Geschmack entwickeln oder ihren Geschmack zum Teil sogar verlieren.

Der Teig für eine Pinsa ist immer vegan. Er enthält weder Ei noch Milch oder sonstige tierische Produkte. Somit eignet er sich ideal für die ganze Familie.

Rezepte

Die klassischen Varianten

PINSATEIG GRUNDREZEPT

4 Port.

5 Tage

Leicht

Zutaten

350 ml Wasser
75 g Reismehl
350 g Weizenmehl
25 g Kichererbsenmehl
1 TL Olivenöl
50 g Dinkelvollkornmehl
1 TL Salz
1 g frische Hefe

Nährwerte p. P.

445 kcal
175 g Kohlenhydrate
4 g Fett
23 g Eiweiß

1 Die Hefe in Wasser auflösen. Die Mehlsorten gut miteinander vermischen.

2 Die Hefe und das Salz unter die Mehlmischung rühren und gut in einer Küchenmaschine durchkneten. Dann das Olivenöl dazugeben und weitere 20 Minuten durchkneten lassen.

3 Den Teig 30 Minuten lang ruhen lassen. Danach noch einmal durchkneten und für mindestens 2 bis maximal 5 Tage in den Kühlschrank stellen.

4 Den Teig 2 bis 3 Stunden vor dem Backvorgang aus dem Kühlschrank nehmen. Den Teig in vier gleich große Teile aufteilen und in eine ovale Form bringen. 1 Stunde ruhen lassen.

5 Den Backofen auf 240 °C Umluft oder 260 °C Ober-/Unterhitze vorheizen und die Pinsa ca. 13 Minuten lang backen.

6 Die Pinsa auf Wunsch belegen.

PINSA ROMANA MIT ROSMARIN

4 Port.

2 Tage

Leicht

Zutaten

300 ml Wasser
50 g Reismehl
10 g frische Hefe
10 g Salz
2 EL Olivenöl
20 g Sojamehl
2 EL Rosmarin
270 g Weizenmehl

Nährwerte p. P.

326 kcal
58 g Kohlenhydrate
5 g Fett
10 g Eiweiß

1 Die Hefe fein bröckeln und mit den Mehlsorten vermischen. 200 ml Wasser dazugeben und in einer Küchenmaschine ca. 5 Minuten durchkneten.

2 Das restliche Wasser, Salz und Öl dazugeben und weitere 5 Minuten kneten. Den Teig in eine Schüssel geben, mit Frischhaltefolie abdecken und für 2 Tage in den Kühlschrank stellen.

3 Den Teig in vier gleich große Teile aufteilen und in ovale Form bringen. Mit Rosmarin bestreuen und 3 Stunden ruhen lassen.

4 Den Backofen auf 200 °C Umluft oder 220 °C Ober-/Unterhitze vorheizen. Die Pinsa für 10 bis 15 Minuten backen.

PINSA SALAMI

4 Port. 15 Min. Leicht

Zutaten

4 Tomaten
1 rote Zwiebel
80 g Salami
50 g Mozzarella, gerieben
Salz, Pfeffer

Nährwerte p. P.

305 kcal
7 g Kohlenhydrate
26 g Fett
18 g Eiweiß

1 Den Teig vorbereiten und bei 240 °C Umluft / 260 °C Ober-/Unterhitze ca. 13 Minuten backen.

2 In der Zwischenzeit die Tomaten waschen, in mundgerechte Stücke schneiden und die Salami würfeln.

3 Die fertigen Pinsen belegen und mit Pfeffer und Salz abschmecken.

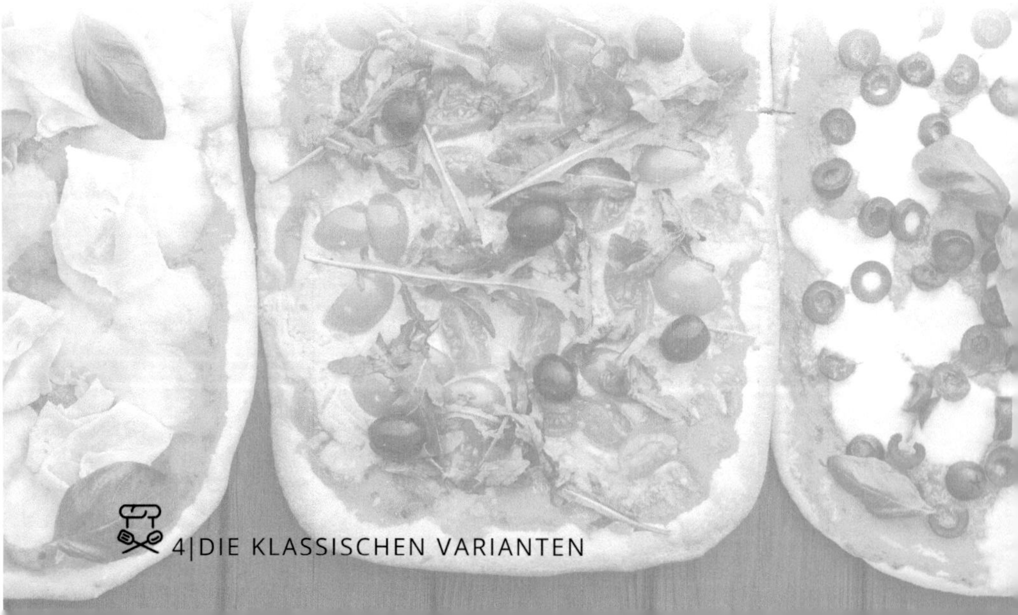

PINSA SCHINKEN

4 Port. 15 Min. Leicht

Zutaten

200 g passierte Tomaten
100 g Mozzarella, gerieben
150 g Kochschinken
Salz, Pfeffer
Kräutermischung

Nährwerte p. P.

262 kcal
8 g Kohlenhydrate
12 g Fett
30 g Eiweiß

1 Den Teig vorbereiten und bei 240 °C Umluft / 260 °C Ober-/Unterhitze ca. 10 Minuten backen.

2 In der Zwischenzeit die passierten Tomaten mit Salz, Pfeffer und der Kräutermischung abschmecken.

3 Den Kochschinken in Würfel schneiden. Die Pinsen mit der Soße bestreichen, belegen und weitere 3 Minuten backen.

PINSA HAWAII

4 Port.

15 Min.

Leicht

Zutaten

1 Zwiebel
3 EL Tomatenmark
1 EL Olivenöl
100 g Schinken
100 g geriebener Käse
100 g Ananas
Salz, Pfeffer

Nährwerte p. P.

530 kcal
41 g Kohlenhydrate
13 Fett
30 g Eiweiß

1 Den Teig vorbereiten und bei 240 °C Umluft / 260 °C Ober-/Unterhitze ca. 10 Minuten backen. In der Zwischenzeit den Schinken, die Zwiebel und die Ananas würfeln.

2 Das Tomatenmark und das Öl auf den Pinsen verteilen, dann mit den restlichen Zutaten belegen. Mit Pfeffer und Salz würzen.

3 Die Pinsen für weitere 3 Minuten in den Ofen geben.

PINSA MAIS

4 Port.

15 Min.

Leicht

Zutaten

100 g passierte Tomaten
1 EL Tomatenmark
1 Schalotte
100 g Kochschinken
100 g Mais
Salz, Pfeffer

Nährwerte p. P.

229 kcal
433 g Kohlenhydrate
6 g Fett
10 g Eiweiß

1 Den Teig vorbereiten und bei 240 °C Umluft / 260 °C Ober-/Unterhitze ca. 13 Minuten backen.

2 In der Zwischenzeit die passierten Tomaten mit dem Tomatenmark verrühren und mit Pfeffer und Salz abschmecken. Die Schalotte und den Schinken würfeln.

3 Die fertigen Pinsen mit der Tomatensoße bestreichen und mit Schinken, der Schalotte und Mais belegen.

PINSA MIT RUCOLA UND FRISCHKÄSE

4 Port.

35 Min.

Leicht

Zutaten

400 g geschälte Tomaten
300 g Cherrytomaten
200 g Parmaschinken
100 g Rucola
100 g Frischkäse
1 EL Olivenöl
2 Prisen Zucker
½ TL Salz
1 Prisen Pfeffer
2 Knoblauchzehen

Nährwerte p. P.

856 kcal
105 g Kohlenhydrate
30 g Fett
37 g Eiweiß

1 Den Teig vorbereiten. Das Öl in einer Pfanne erhitzen. Den Knoblauch schälen, zerhacken und kurz anschwitzen.

2 Die geschälten Tomaten, den Pfeffer, das Salz und den Zucker dazugeben und unter ständigem Rühren ca. 10 Minuten lang köcheln lassen. Danach pürieren.

3 Die Pinsen backen, wie im Grundrezept angegeben. Die Cherrytomaten halbieren.

4 Die fertigen Pinsen mit der Tomatensoße bestreichen und dann mit den Tomaten, dem Schinken und dem Rucola belegen.

PINSA CARBONARA

1 Port.

20 Min.

Leicht

Zutaten

30 g Speckwürfel
30 g Parmesan
1 Eigelb
2 EL Crème fraîche
Pfeffer

Nährwerte p. P.

632 kcal
175 g Kohlenhydrate
20 g Fett
31 g Eiweiß

1 Den Teig vorbereiten und 8 Minuten lang backen, wie im Grundrezept angegeben.

2 Etwas Öl in eine Pfanne geben und die Speckwürfel darin anbraten, bis sie knusprig sind.

3 Das Eigelb mit der Crème fraîche und dem Parmesan verrühren. Zusammen mit den Speckwürfeln auf die Pinsa geben und mit etwas Pfeffer würzen.

4 Die Pinsa weitere 5 Minuten lang in den Backofen geben.

PINSA TOMATE-MOZZARELLA

1 Port.

20 Min.

Leicht

Zutaten

1 Portion Teig
100 g Mozzarella
60 g Cherrytomaten
2 EL Crème fraîche
Salz, Pfeffer
Thymian

Nährwerte p. P.

637 kcal
177 g Kohlenhydrate
19 g Fett
35 g Eiweiß

1 Den Teig vorbereiten und wie im Grundrezept angegeben backen.

2 Die Tomaten halbieren und den Mozzarella in Scheiben schneiden.

3 Die fertige Pinsa mit Crème fraîche bestreichen, mit Salz, Pfeffer und Thymian abschmecken und mit den Tomaten und dem Mozzarella belegen.

PINSA SALAMI-CHAMPIGNON

2 Port.

40 Min.

Leicht

Zutaten

12 Scheiben Salami
2 Champignons
250 g geriebener Käse
150 g gestückelte Tomaten
1 Zwiebel
6 g Kräutermischung
Pfeffer
Chiliflocken

Nährwerte p. P.

562 kcal
184 g Kohlenhydrate
39 g Fett
23 g Eiweiß

1 Den Teig vorbereiten und wie im Grundrezept angegeben backen.

2 Die Tomaten mit den Kräutern pürieren und mit Pfeffer und Chili abschmecken. Die Champignons putzen und in Scheiben schneiden. Die Zwiebeln schälen und in Würfel schneiden.

3 Die fertige Pinsa mit der Tomatensoße bestreichen. Mit den Champignons, der Zwiebel, der Salami und dem geriebenen Käse belegen.

PINSA SCAMPI

4 Port.

20 Min.

Leicht

Zutaten

100 g Mozzarella, gerieben
2 Knoblauchzehen
200 g Scampi

Nährwerte p. P.

239 kcal
3 g Kohlenhydrate
12 g Fett
30 g Eiweiß

1 Den Teig vorbereiten. Die Scampi aus der Schale lösen und abspülen. Den Knoblauch schälen und zerhacken.

2 Die Teigfladen mit Mozzarella, Scampi und Knoblauch belegen.

3 Alles zusammen bei 240 °C Umluft / 260 °C Ober-/Unterhitze ca. 15 Minuten backen.

PINSA PAPRIKA

4 Port. 15 Min. Leicht

Zutaten

200 g passierte Tomaten
1 Knoblauchzehe
1 Paprika
4 Oliven, entkernt
200 g geriebener Käse
Salz, Pfeffer

Nährwerte p. P.

264 kcal
12 g Kohlenhydrate
38 g Fett
21 g Eiweiß

1 Den Teig vorbereiten und bei 240 °C Umluft / 260 °C Ober-/Unterhitze ca. 13 Minuten backen.

2 In der Zwischenzeit den Knoblauch schälen, zerhacken und mit den passierten Tomaten verrühren. Mit Salz und Pfeffer abschmecken.

3 Die Oliven halbieren und die Paprika waschen und in Streifen schneiden.

4 Die fertigen Pinsen mit der Tomatensoße bestreichen und mit den restlichen Zutaten belegen.

PINSA RAVIOLI

4 Port. 15 Min. Leicht

Zutaten

100 g Ravioli aus der Dose
50 g Salami
50 g Schinkenwürfel
Salz, Pfeffer

Nährwerte p. P.

289 kcal
3 g Kohlenhydrate
26 g Fett
23 g Eiweiß

1 Den Teig vorbereiten und bei 240 °C Umluft / 260 °C Ober-/Unterhitze für ca. 8 Minuten in den Ofen geben.

2 Die Salami würfeln. Die halb fertigen Pinsen belegen und weitere 5 Minuten backen. Mit Pfeffer und Salz abschmecken.

PINSA HOTDOG

4 Port. 15 Min. Leicht

Zutaten

8 EL Ketchup
4 EL Senf
4 Gewürzgurken
4 Bockwürstchen
50 g Röstzwiebeln

Nährwerte p. P.

440 kcal
36 g Kohlenhydrate
25 g Fett
17 g Eiweiß

1 Den Teig vorbereiten und bei 240 °C Umluft / 260 °C Ober-/Unterhitze ca. 13 Minuten lang backen.

2 In der Zwischenzeit die Würstchen und die Gewürzgurken in Scheiben schneiden.

3 Die Würstchen mit kochendem Wasser übergießen und ziehen lassen, bis die Pinsen fertig sind.

4 Die fertigen Pinsen mit Ketchup und Senf bestreichen und belegen.

PINSA THUNFISCH

4 Port. 15 Min. Leicht

Zutaten

100 g Thunfisch
1 Paprika
100 g Mozzarella, gerieben
1 Knoblauchzehe
100 ml Olivenöl
Salz, Pfeffer
3 Zweige Rosmarin

Nährwerte p. P.

328 kcal
15 g Kohlenhydrate
18 g Fett
21 g Eiweiß

1 Den Pizzateig vorbereiten. Den Thunfisch zerkleinern und auf die Pinsa geben.

2 Den Knoblauch schälen und ebenso wie den Rosmarin zerhacken. Beides mit dem Olivenöl verrühren. Die Paprika waschen und in Streifen schneiden.

3 Die Pinsa mit allen Zutaten belegen. Bei 240 °C Umluft / 260 °C Ober-/Unterhitze ca. 13 Minuten lang backen.

PINSA HÄHNCHEN

4 Port. 25 Min. Leicht

Zutaten

1 Hähnchenbrustfilet
4 EL passierte Tomaten
50 g Mozzarella, gerieben
½ Paprika
Salz, Pfeffer

Nährwerte p. P.

224 kcal
18 g Kohlenhydrate
6 g Fett
26 g Eiweiß

1 Den Teig vorbereiten. Das Hähnchenbrustfilet klein schneiden. Die Stückchen in einer Pfanne mit etwas Öl anbraten, bis sie durch sind.

2 Die Teigfladen bei 240 °C Umluft / 260 °C Ober-/Unterhitze für ca. 13 Minuten in den Ofen geben.

3 Die Paprika waschen und in Streifen schneiden.

4 Die fertigen Pinsen mit den passierten Tomaten bestreichen und belegen. Mit Pfeffer und Salz würzen.

ITALIENISCHE PINSA

4 Port.

30 Min.

Leicht

Zutaten

200 g passierte Tomaten
125 g geriebener Mozzarella
100 g Parmaschinken
80 g Parmesan
2 TL Tomatenmark
1 Knoblauchzehe
1 Zwiebel
3 Zweige Oregano
1 EL Öl
Salz, Pfeffer

Nährwerte p. P.

445 kcal
175 g Kohlenhydrate
4 g Fett
23 g Eiweiß

1 Den Teig wie im Grundrezept beschrieben vorbereiten und 5 Minuten lang anbacken.

2 Den Knoblauch und die Zwiebel schälen und zerhacken. 1 EL Öl in einer Pfanne erhitzen und die Zwiebel und den Knoblauch darin anbraten, dann das Tomatenmark dazugeben und gut umrühren.

3 Die passierten Tomaten mit dem Oregano mit in die Pfanne geben. Mit Pfeffer und Salz abschmecken.

4 Die Pinsa aus dem Ofen nehmen und mit der Tomatensoße bestreichen. Für weitere 10 Minuten backen.

5 Die fertige Pinsa mit Mozzarella und Parmaschinken belegen.

PINSA BURGER

4 Port.

30 Min.

Leicht

Zutaten

400 g Rinderhackfleisch
200 g passierte Tomaten
2 Eier
2 Gewürzgurken
1 Zwiebel
1 Tomate
1 rote Zwiebel
100 g geriebener Käse
Salz, Pfeffer, Currypulver

Nährwerte p. P.

995 kcal
53 g Kohlenhydrate
69 g Fett
41 g Eiweiß

1 Den Teig vorbereiten. Die Zwiebel schälen und zerhacken. Mit dem Hackfleisch vermischen.

2 Die Eier dazugeben, mit Pfeffer, Salz und Currypulver würzen und gut durchkneten.

3 Den Teig für 13 Minuten bei 240 °C Umluft / 260 °C Ober-/Unterhitze backen. In der Zwischenzeit das Hackfleischgemisch in Pattyform bringen und in einer Pfanne mit ausreichend Öl von allen Seiten ca. 4 Minuten lang anbraten.

4 Die passierten Tomaten mit Pfeffer und Salz abschmecken. Die Tomate, die rote Zwiebel und die Gewürzgurken in Scheiben schneiden.

5 Die fertigen Pinsen mit der Tomatensoße bestreichen und belegen.

AUBERGINEN PINSA

4 Port. 20 Min. Leicht

Zutaten

3 Tomaten
150 g Mozzarella, gerieben
1 Aubergine
Olivenöl

Nährwerte p. P.

743 kcal
145 g Kohlenhydrate
14 g Fett
29 g Eiweiß

1 Den Backofen auf 180 °C Umluft / 200 °C Ober-/Unterhitze vorheizen.

2 Die Aubergine waschen und in Scheiben schneiden. Die Auberginenscheiben in einer Pfanne mit ausreichend Olivenöl anbraten.

3 Den Pinsateig vierteln und in eine ovale Form bringen.

4 Die Tomaten waschen, würfeln und auf den Pinsen verteilen. Die Auberginenscheiben ebenfalls darauflegen.

5 Den Mozzarella über den anderen Belag streuen. Die Pinsen in den Ofen geben und ca. 13 Minuten lang backen.

PINSA CAESAR SALAD

4 Port. 15 Min. Leicht

Zutaten

1 Ei
4 Knoblauchzehen
1 TL Honig
50 ml Öl
100 g Römersalat
3 Sardellenfilets
2 TL Senf

Nährwerte p. P.

308 kcal
10 g Kohlenhydrate
26 g Fett
7 g Eiweiß

1 Den Teig vorbereiten und bei 240 °C Umluft / 260 °C Ober-/Unterhitze ca. 13 Minuten backen.

2 In der Zwischenzeit den Salat waschen und zerkleinern und eine Knoblauchzehe schälen und zerhacken.

3 Den restlichen Knoblauch schälen und zusammen mit den Sardellen, dem Honig, dem Ei und dem Senf pürieren. Danach das Öl unterrühren.

4 Den Salat auf die fertigen Pinsen geben, dann die Soße darauf verteilen.

PINSA MIT RINDERFILET

4 Port.

15 Min.

Leicht

Zutaten

200 g Rinderfilet
100 g Bacon
1 Zwiebel

Nährwerte p. P.

985 kcal
183 g Kohlenhydrate
43 g Fett
53 g Eiweiß

1 Den Teig vorbereiten und bei 240 °C Umluft / 260 °C Ober-/Unterhitze ca. 10 Minuten lang backen.

2 In der Zwischenzeit die Zwiebel schälen und in Würfel schneiden. Das Filet und den Bacon in ganz dünne Streifen schneiden.

3 Die Zutaten auf die Pinsa geben und alles zusammen weitere 3 Minuten lang backen.

Tipp: Mit Tomaten- oder BBQ-Soße kann der Geschmack abgerundet werden.

SARDELLEN PINSA

2 Port.

15 Min.

Leicht

Zutaten

8 Sardellenfilets, eingelegt
100 g Mozzarella
1 Tomate
1 TL Tomatenmark
Salz, Pfeffer, Oregano

Nährwerte p. P.

563 kcal
177 g Kohlenhydrate
16 g Fett
38 g Eiweiß

1 Den Teig vorbereiten und die Pinsen bei 240 °C Umluft / 260 °C Ober-/Unterhitze ca. 5 Minuten backen.

2 In der Zwischenzeit die Tomate waschen und pürieren. Dann mit dem Tomatenmark verrühren und mit Salz und Pfeffer abschmecken.

3 Die Pinsen mit der Tomatensoße bestreichen und mit den Sardellen belegen. Den Mozzarella darüberstreuen.

4 Die Pinsen weitere 8 Minuten backen.

PINSA KEBAB

4 Port. 15 Min. Leicht

Zutaten

50 g Gyros
20 g Blattsalat
20 g Krautsalat
½ rote Zwiebel
50 g Feta
150 g Zaziki

Nährwerte p. P.

248 kcal
5 g Kohlenhydrate
18 g Fett
17 g Eiweiß

1 Den Teig vorbereiten und bei 240 °C Umluft / 260 °C Ober-/Unterhitze ca. 13 Minuten backen.

2 In der Zwischenzeit das Gyros in einer Pfanne mit etwas Öl anbraten, bis es durch ist.

3 Die Zwiebel und den Feta würfeln. Die fertigen Pinsen mit Zaziki bestreichen und belegen.

Vegetarische Pinsa

PINSA 4 KÄSE

 4 Port. | 15 Min. |  Leicht

Zutaten

30 g Ricotta
30 g Mozzarella
30 g Gorgonzola
30 g Emmentaler

Nährwerte p. P.

178 kcal
1 g Kohlenhydrate
15 g Fett
11 g Eiweiß

1 Den Pinsateig vorbereiten und bei 240 °C Umluft / 260 °C Ober-/Unterhitze für 8 Minuten in den Ofen geben.

2 Die angebackene Pinsa aus dem Ofen nehmen und mit dem Ricotta bestreichen. Dann mit den anderen Käsesorten belegen.

3 Die Pinsa weitere 5 Minuten lang backen.

PINSA BLUMENKOHL

4 Port. 20 Min. Leicht

Zutaten

8 EL passierte Tomaten
50 g Mozzarella, gerieben
4 Eier
40 g Blumenkohl, gerieben
4 Frühlingszwiebeln
Salz, Pfeffer

Nährwerte p. P.

204 kcal
2 g Kohlenhydrate
15 g Fett
14 g Eiweiß

1 Den Teig vorbereiten und in ovale Form bringen.

2 Die passierten Tomaten auf den Teigfladen verteilen und mit Pfeffer und Salz würzen.

3 Die Frühlingszwiebeln zerhacken und zusammen mit dem Blumenkohl, je einem Ei und dem Mozzarella auf die Pinsa geben.

4 Die Pinsen in den Backofen geben und bei 230 °C ca. 13 Minuten lang backen.

PINSA NUDEL

4 Port. 15 Min. Leicht

Zutaten

300 g Nudeln
5 Oliven
1 Peperoni
150 g geriebener Käse

Nährwerte p. P.

367 kcal
47 g Kohlenhydrate
11 g Fett
18 g Eiweiß

1 Den Teig vorbereiten und bei 240 °C Umluft / 260 °C Ober-/Unterhitze ca. 13 Minuten backen.

2 In der Zwischenzeit die Spaghetti in einem Topf mit ausreichend Salzwasser ca. 8 Minuten lang kochen.

3 Die Peperoni und die Oliven klein schneiden.

4 Die Nudeln auf die fertige Pinsa geben und die Oliven sowie die Peperoni darauf verteilen. Mit Käse bestreuen.

PINSA TOMATE

4 Port.

15 Min.

Leicht

Zutaten

200 g Tomaten
1 TL Tomatenmark
1 TL Oregano
Salz, Pfeffer

Nährwerte p. P.

22 kcal
4 g Kohlenhydrate
1 g Fett
1 g Eiweiß

1 Den Pinsateig vorbereiten und wie im Grundrezept angegeben 13 Minuten lang backen.

2 Währenddessen die Tomaten waschen, vierteln und pürieren. Das Tomatenmark und Oregano dazugeben und mit Pfeffer und Salz abschmecken.

3 Die Tomatensoße auf der fertigen Pinsa verteilen.

PINSA LAUCH

4 Port.

15 Min.

Leicht

Zutaten

100 g passierte Tomaten
1 Knoblauchzehe
1 Stange Lauch
1 EL Tomatenmark
1 EL Sojasoße
2 grüne Peperoni
50 g Räuchertofu
Salz, Pfeffer

Nährwerte p. P.

106 kcal
10 g Kohlenhydrate
3 g Fett
8 g Eiweiß

1 Den Teig vorbereiten und bei 240 °C Umluft / 260 °C Ober-Unterhitze ca. 5 Minuten vorbacken.

2 In der Zwischenzeit den Knoblauch schälen und zerhacken und mit den passierten Tomaten, dem Tomatenmark und der Sojasoße verrühren.

3 Den Lauch putzen und in dünne Scheiben schneiden. Die Peperoni und den Tofu ebenfalls zerkleinern. Etwas Öl in eine Pfanne geben und den Tofu darin anbraten.

4 Die Pinsafladen mit der Soße bestreichen und belegen. Mit Salz und Pfeffer würzen.

5 Alles zusammen für weitere 8 Minuten in den Ofen geben.

PINSA GURKE

4 Port. 15 Min. Leicht

Zutaten

100 g Cashewkerne
120 ml Milch
1 EL Zitronensaft
5 Knoblauchzehen
200 g Gewürzgurken

Nährwerte p. P.

378 kcal
27 g Kohlenhydrat
24 g Fett
11 g Eiweiß

1 Den Teig vorbereiten und bei 240 °C Umluft / 260 °C Ober-/Unterhitze ca. 13 Minuten backen.

2 Für die Soße die Cashewkerne zu der Milch geben. Den Knoblauch schälen und zusammen mit dem Zitronensaft ebenfalls dazugeben. Alles zusammen pürieren.

3 Die Gewürzgurken in Scheiben oder Würfel schneiden.

4 Die fertigen Pinsen mit der Soße bestreichen und mit der Gurke belegen.

PINSA OLIVE

4 Port. 20 Min. Leicht

Zutaten

4 Tomaten
2 Knoblauchzehen
1 Zwiebel
100 g Oliven
50 g geriebener Käse

Nährwerte p. P.

229 kcal
11 g Kohlenhydrate
18 g Fett
4 g Eiweiß

1 Den Teig vorbereiten.

2 In der Zwischenzeit die Tomaten waschen und vierteln. Den Knoblauch schälen und zu den Tomaten in ein Gefäß geben.

3 Die Zwiebel schälen, halbieren und eine Hälfte gemeinsam mit den Tomaten und dem Knoblauch pürieren. Die andere Hälfte in Ringe schneiden. Die Oliven entkernen und halbieren.

4 Die Teigfladen mit der Soße bestreichen und mit der Zwiebel, den Oliven und dem Käse belegen.

5 Alles zusammen für 13 Minuten bei 240 °C Umluft / 260 °C Ober-/Unterhitze in den Backofen geben.

PINSA ZUCCHINI

4 Port. 35 Min. Leicht

Zutaten

1 Zucchini
1 Knoblauchzehe
2 Tomaten
100 g Mozzarella
Öl
Salz, Pfeffer
1 Zwiebel

Nährwerte p. P.

44 kcal
6 g Kohlenhydrate
1 g Fett
3 g Eiweiß

1 Den Teig vorbereiten.

2 Die Zucchini in Scheiben schneiden. Die Schale der Zwiebel und des Knoblauchs entfernen und beides fein hacken. Beides zusammen in einer Pfanne mit etwas Öl anschwitzen.

3 Die Zucchini mit in die Pfanne geben und von beiden Seiten anbraten. Die Pfanne mit einem Deckel verschließen und die Zucchini 15 Minuten lang garen.

4 Die Tomate in mundgerechte Stücke schneiden und mit den anderen Zutaten in die Pfanne geben. Mit Pfeffer und Salz abschmecken.

5 Das Gemüse auf den Pinsen verteilen und den Mozzarella darüberstreuen.

6 Die Pinsen bei 240 °C Umluft / 260 °C Ober-/Unterhitze ca. 13 Minuten lang backen.

PINSA REIS

4 Port.

20 Min.

Leicht

Zutaten

100 ml Tomatensoße
80 g Reis
1 rote Zwiebel
50 g Mais

Nährwerte p. P.

177 kcal
19 g Kohlenhydrate
21 g Fett
37 g Eiweiß

1 Den Teig vorbereiten und bei 240 °C Umluft / 260 °C Ober-/Unterhitze ca. 13 Minuten backen.

2 Den Reis in einen Topf mit ausreichend Wasser geben und ca. 15 bis 20 Minuten kochen, bis er gar ist.

3 In der Zwischenzeit die Zwiebel schälen und würfeln.

4 Die fertigen Pinsen mit Tomatensoße bestreichen und mit den restlichen Zutaten belegen.

PINSA GRILLGEMÜSE

4 Port.

25 Min.

Leicht

Zutaten

50 g Mozzarella, gerieben
20 g Aubergine
20 g Zucchini
20 g Paprika
Salz, Pfeffer

Nährwerte p. P.

726 kcal
100 g Kohlenhydrate
13 g Fett
25 g Eiweiß

1 Den Teig vorbereiten.

2 Das Gemüse in mundgerechte Stücke schneiden, mit Pfeffer und Salz würzen und auf dem Grill ca. 10 Minuten lang garen, bis alles gut durch ist.

3 Die Pinsen in den Backofen geben und bei 240 °C Umluft / 260 °C Ober-/Unterhitze 10 Minuten lang backen.

4 Das Gemüse und den Mozzarella auf den Pinsen verteilen und alles zusammen weitere 3 Minuten lang backen.

PINSA FEIGE

4 Port. | 20 Min. | Leicht

Zutaten

100 g Mozzarella
8 Feigen
80 g Gorgonzola
Olivenöl

Nährwerte p. P.

331 kcal
12 g Kohlenhydrate
23 g Fett
18 g Eiweiß

1 Den Teig vorbereiten.

2 Die Feigen waschen und in dünne Streifen schneiden. Den Gorgonzola ebenfalls in Streifen schneiden. Den Mozzarella würfeln.

3 Die Pinsen mit Feigen, Gorgonzola und dem Mozzarella belegen. Etwas Olivenöl auf dem Belag verteilen.

4 Die Pinsen im Ofen bei 240 °C Umluft / 260 °C Ober-/Unterhitze ca. 13 Minuten lang backen.

PINSA FELDSALAT

4 Port.

15 Min.

Leicht

Zutaten

2 Knoblauchzehen
1 Schalotte
400 g stückige Tomaten
2 EL Olivenöl
250 g Mozzarella, gerieben
150 g Feldsalat

Nährwerte p. P.

802 kcal
96 g Kohlenhydrate
36 g Fett
32 g Eiweiß

1 Den Teig vorbereiten, mit dem Mozzarella belegen und bei 240 °C Umluft / 260 °C Ober-/Unterhitze 13 Minuten lang backen.

2 In der Zwischenzeit die Schalotte und den Knoblauch schälen und zerhacken. Beides mit dem Olivenöl und den stückigen Tomaten verrühren.

3 Den Feldsalat waschen und abtropfen lassen. Die fertigen Pinsen mit der Soße bestreichen und mit dem Feldsalat belegen.

PINSA SPINAT-GORGONZOLA

4 Port. 15 Min. Leicht

Zutaten

40 g Mozzarella, gerieben
20 g Babyspinat
40 g Gorgonzola

Nährwerte p. P.

129 kcal
1 g Kohlenhydrate
11 g Fett
8 g Eiweiß

1 Den Teig vorbereiten und im Backofen bei 230 °C ca. 8 Minuten backen.

2 Den Spinat waschen und zusammen mit dem Gorgonzola und dem Mozzarella auf den Pinsen verteilen.

3 Alles zusammen für weitere 5 Minuten backen.

PINSA ZIEGENKÄSE-WALNUSS

4 Port.

15 Min.

Leicht

Zutaten

20 g Mozzarella, gerieben
50 g Ziegenkäse
20 g Walnüsse

Nährwerte p. P.

172 kcal
1 g Kohlenhydrate
16 g Fett
7 g Eiweiß

1 Die Pinsa vorbereiten und ca. 8 Minuten bei 240 °C Umluft / 260 °C Ober-/Unterhitze backen.

2 Den Ziegenkäse in Scheiben schneiden und die Walnüsse zerhacken.

3 Den Belag auf die angebackenen Pinsen geben. Alles zusammen für weitere 5 Minuten backen.

PINSA BUFALA

4 Port. 15 Min. Leicht

Zutaten

3 Blätter Basilikum
80 g Büffelmozzarella
1 EL Olivenöl

Nährwerte p. P.

112 kcal
5 g Kohlenhydrate
5 g Fett
11 g Eiweiß

1 Den Teig vorbereiten und bei 230 °C ca. 13 Minuten lang backen.

2 Den Mozzarella in Scheiben schneiden und auf den Pinsen verteilen. Das Basilikum waschen und ebenfalls auf die Pinsen geben.

3 Die Pinsen mit Olivenöl beträufeln.

PINSA ZIEGENKÄSE-WALNUSS

4 Port.

15 Min.

Leicht

Zutaten

20 g Mozzarella, gerieben
50 g Ziegenkäse
20 g Walnüsse

Nährwerte p. P.

172 kcal
1 g Kohlenhydrate
16 g Fett
7 g Eiweiß

1 Die Pinsa vorbereiten und ca. 8 Minuten bei 240 °C Umluft / 260 °C Ober-/Unterhitze backen.

2 Den Ziegenkäse in Scheiben schneiden und die Walnüsse zerhacken.

3 Den Belag auf die angebackenen Pinsen geben. Alles zusammen für weitere 5 Minuten backen.

Vegane Pinsa

PINSA ERBSEN-MINZE

 4 Port.

 15 Min.

 Leicht

Zutaten

4 EL Erbsencreme
1 EL veganer Parmesan, gerieben
1 Handvoll frische Minze
½ Handvoll frisches Basilikum

Nährwerte p. P.

13 kcal
1 g Kohlenhydrate
1 g Fett
1 g Eiweiß

1 Den Teig vorbereiten und bei 240 °C Umluft / 260 °C Ober-/Unterhitze für ca. 13 Minuten backen.

2 In der Zwischenzeit die Blätter von der Minze und dem Basilikum abzupfen und waschen.

3 Die Erbsencreme auf den fertigen Pinsen verteilen. Mit Parmesan, Minze und Basilikum belegen.

PINSA MARGHERITA

4 Port. 25 Min. Leicht

Zutaten

200 g Cherrytomaten
400 g passierte Tomaten
250 g Mozzarella-Alternative, gerieben
2 Knoblauchzehen
1 Zwiebel
2 EL Tomatenmark
1 EL Olivenöl
1 Prise Zucker
Oregano, Basilikum
Salz, Pfeffer

Nährwerte p. P.

516 kcal
25 g Kohlenhydrate
33 g Fett
28 g Eiweiß

1 Den Teig vorbereiten.

2 Die Zwiebel und den Knoblauch schälen und zerhacken. Das Öl in einer Pfanne erhitzen und die Zwiebel und den Knoblauch darin anbraten.

3 Das Tomatenmark und den Zucker mit in die Pfanne geben und kurz anrösten. Mit den passierten Tomaten ablöschen und mit Pfeffer, Oregano und Salz abschmecken.

4 Die Pinsa bei 240 °C Umluft / 260 °C Ober-/Unterhitze ca. 5 Minuten vorbacken. In der Zwischenzeit die Tomaten halbieren.

5 Die Pinsen mit der Tomatensoße bestreichen und mit den Tomaten und dem veganen Mozzarella belegen. Für weitere 8 Minuten backen.

6 Die fertige Pinsa mit Basilikum garnieren.

PINSA HUMMUS-SPINAT-TOMATE

4 Port.

15 Min.

Leicht

Zutaten

200 g Hummus
200 g Spinat
2 Tomaten

Nährwerte p. P.

196 kcal
21 g Kohlenhydrate
6 g Fett
10 g Eiweiß

1 Den Teig vorbereiten und im Ofen bei 240 °C Umluft / 260 °C Ober-/Unterhitze ca. 13 Minuten backen.

2 In der Zwischenzeit die Tomaten in Scheiben schneiden.

3 Die fertigen Pinsen aus dem Ofen nehmen und mit Hummus bestreichen. Mit den Tomaten und dem Spinat belegen.

PINSA PESTO

4 Port. | 15 Min. | Leicht

Zutaten

70 g Walnüsse
50 g Erbsen
1 Bund Basilikum
2 EL Olivenöl
3 Lauchzwiebeln
½ Zucchini
8 Rosenkohl
1 EL Zitronensaft

Nährwerte p. P.

549 kcal
31 g Kohlenhydrate
38 g Fett
13 g Eiweiß

1 Den Teig vorbereiten und bei 240 °C Umluft / 260 °C Ober-/Unterhitze ca. 8 Minuten backen.

2 In der Zwischenzeit die Walnüsse, das Basilikum, das Olivenöl und den Zitronensaft in ein Gefäß geben und pürieren. Die Lauchzwiebeln in Ringe schneiden und die Zucchini waschen und in feine Scheiben schneiden.

3 Das selbst gemachte Pesto auf den Pinsen verteilen und mit dem Gemüse belegen.

4 Alles zusammen für weitere 5 Minuten in den Ofen geben.

PINSA KRÄUTER-ZWIEBEL

4 Port.

20 Min.

Leicht

Zutaten

4 rote Zwiebeln
2 Knoblauchzehen
250 g veganer Frischkäse
40 g getrocknete Tomaten
2 Stängel Basilikum
1 Handvoll Erbsengrün

Nährwerte p. P.

975 kcal
93 g Kohlenhydrate
54 g Fett
27 g Eiweiß

1 Den Teig vorbereiten und bei 240 °C Umluft / 260 °C Ober-/Unterhitze ca. 10 Minuten backen.

2 In der Zwischenzeit die Zwiebel und den Knoblauch schälen und zerhacken und mit dem Frischkäse verrühren.

3 Die Tomaten ebenfalls zerkleinern und unterrühren. Die Frischkäse-Mischung auf die Pinsen streichen und weitere 3 Minuten backen.

4 Das Erbsengrün und das Basilikum waschen und auf die fertigen Pinsen geben.

PINSA TOMATE-FETA

4 Port. 15 Min. Leicht

Zutaten

50 g Hummus
40 g Cherrytomaten
40 g veganer Feta

Nährwerte p. P.

78 kcal
4 g Kohlenhydrate
4 g Fett
5 g Eiweiß

1 Den Teig vorbereiten und bei 240 °C Umluft / 260 °C Ober-/Unterhitze für ca. 10 Minuten backen.

2 Den Feta in Stücke schneiden. Den Hummus auf den Fladen verteilen und den Feta daraufgeben. Weitere 3 Minuten backen.

3 Die Tomaten halbieren und auf die fertigen Pinsen geben.

PINSA GEMÜSE

4 Port.

20 Min.

Leicht

Zutaten

100 g Tomatenmark
20 g Paprika
20 g Spinat
20 g Grünkohl
½ Zwiebel
50 ml Wasser
2 EL Olivenöl
Salz, Pfeffer

Nährwerte p. P.

853 kcal
107 g Kohlenhydrate
25 g Fett
21 g Eiweiß

1 Den Teig vorbereiten.

2 Das Tomatenmark mit dem Wasser und dem Olivenöl verrühren. Mit Salz und Pfeffer abschmecken.

3 Das gesamte Gemüse waschen und klein schneiden.

4 Die Soße auf den Pinsen verteilen und die Fladen mit dem Gemüse belegen.

5 Alles zusammen für ca. 13 Minuten bei 240 °C Umluft / 260 °C Ober-/Unterhitze in den Backofen geben.

PINSA ZUCCHINI-PILZ

4 Port.

20 Min.

Leicht

Zutaten

1 Zucchini
30 g Pilze
1 Zwiebel
50 g veganer Käse, gerieben
Salz, Pfeffer

Nährwerte p. P.

94 kcal
4 g Kohlenhydrate
5 g Fett
8 g Eiweiß

1 Den Teig vorbereiten.

2 Die Zucchini waschen und in ganz dünne Scheiben schneiden. Die Zwiebel schälen und zerhacken und die Pilze putzen und ebenfalls in Scheiben schneiden.

3 Das Gemüse auf die Pinsafladen geben und mit Käse bestreuen. Mit Salz und Pfeffer würzen.

4 Alles zusammen bei 240 °C Umluft / 260 °C Ober-/Unterhitze für ca. 13 Minuten backen.

PINSA SANDWICH

4 Port.

20 Min.

Leicht

Zutaten

130 g Kichererbsen
1 TL Sesamöl
1 TL Sojasoße
20 ml Olivenöl
150 g Salatgurke
100 g Salatmix
Salz, Pfeffer

Nährwerte p. P.

909 kcal
102 g Kohlenhydrate
40 g Fett
23 g Eiweiß

1 Den Teig vorbereiten und bei 240 °C Umluft / 260 °C Ober-/Unterhitze ca. 13 Minuten lang backen.

2 In der Zwischenzeit die Kichererbsen abspülen und mit dem Sesam- und Olivenöl sowie der Sojasoße in eine Schüssel geben. Mit einem Pürierstab pürieren und mit Pfeffer und Salz abschmecken.

3 Die Salatgurke und den Salatmix waschen. Die Gurke in Scheiben schneiden.

4 Die fertigen Pinsen halbieren, mit Hummus bestreichen und mit Gurke und Salat belegen. Danach die beiden Hälften aufeinanderklappen.

PINSA SPINAT-PILZ

4 Port.

25 Min.

Leicht

Zutaten

100 g Spinat
3 Knoblauchzehen
75 g veganer Frischkäse
50 g Pilze
Salz, Pfeffer

Nährwerte p. P.

78 kcal
7 g Kohlenhydrate
2 g Fett
7 g Eiweiß

1 Den Pinsateig vorbereiten.

2 Den Knoblauch schälen und zerhacken. Den Spinat in einem Topf mit etwas Wasser ca. 2 Minuten lang köcheln, danach zerkleinern.

3 Den Spinat und den Knoblauch mit dem Frischkäse verrühren. Mit Salz und Pfeffer abschmecken.

4 Die Pilze in einer Pfanne ca. 7 Minuten lang anbraten, bis sie eine goldbraune Färbung annehmen.

5 Die Pinsen mit der Frischkäse-Mischung bestreichen und mit den Pilzen garnieren.

6 Alles zusammen für 13 Minuten bei 240 °C Umluft / 260 °C Ober-/Unterhitze in den Ofen geben.

PINSA KARTOFFEL-HABANERO

4 Port. 25 Min. Leicht

Zutaten

1 Knoblauchzehe
2 Kartoffeln
1 rote Zwiebel
3 Habaneros
veganer Parmesan
Salz, Pfeffer

Nährwerte p. P.

84 kcal
16 g Kohlenhydrate
1 g Fett
2 g Eiweiß

1 Den Teig vorbereiten.

2 Die Kartoffeln schälen und in hauchdünne Scheiben schneiden, sodass sie leicht durchsichtig sind.

3 Den Knoblauch und die rote Zwiebel schälen und zerhacken. Die Habaneros in Ringe schneiden.

4 Die Pinsafladen mit den Zutaten belegen und mit etwas Pfeffer und Salz würzen.

5 Alles zusammen bei 240 °C Umluft / 260 °C Ober-/Unterhitze für 13 Minuten backen.

PINSA HOT BBQ

4 Port.

15 Min.

Leicht

Zutaten

60 g BBQ-Soße
2 Jalapeños
100 g vegane Chunks
150 g geriebener Käse

Nährwerte p. P.

277 kcal
16 g Kohlenhydrate
13 g Fett
23 g Eiweiß

1 Den Teig vorbereiten.

2 Die BBQ-Soße auf den Fladen verteilen und die Chunks daraufgeben. Die Pinsen bei 240 °C Umluft / 260 °C Ober-/Unterhitze ca. 8 Minuten anbacken. In der Zwischenzeit die Jalapeños zerhacken.

3 Die Jalapeños und den geriebenen Käse auf die Pinsen geben und weitere 5 Minuten backen.

PINSA CURRY

4 Port.

25 Min.

Leicht

Zutaten

100 g rote Linsen
150 g Kichererbsen
250 ml Gemüsebrühe
3 EL Kokosmilch
1 EL Sojasoße
1 EL Currypulver
1 Knoblauchzehe
Salz, Pfeffer
1 rote Zwiebel
1 EL Olivenöl

Nährwerte p. P.

549 kcal
31 g Kohlenhydrate
38 g Fett
13 g Eiweiß

1 Den Teig vorbereiten und bei 240 °C Umluft / 260 °C Ober-/Unterhitze ca. 13 Minuten backen.

2 Die Linsen mit Wasser abspülen und danach abtropfen lassen.

3 Die Gemüsebrühe in einem Topf auf höchster Stufe zum Kochen bringen und die Linsen darin köcheln, bis die Flüssigkeit komplett aufgesogen wurde.

4 Den Knoblauch schälen und zerhacken und gemeinsam mit der Kokosmilch, der Sojasoße und dem Currypulver mit in den Topf geben. Gut durchrühren und pürieren.

5 Die Zwiebel schälen und in Ringe schneiden. Die Kichererbsen abspülen und abtropfen lassen.

6 Die Currycreme und den Belag auf die fertigen Pinsen geben. Mit dem Olivenöl beträufeln und mit Pfeffer und Salz würzen.

Pinsa saisonal

FRÜHLINGSPINSA

4 Port. 25 Min. Leicht

Zutaten

1 rote Zwiebel
1 Handvoll Champignons
½ Stange Lauch
1 Frühlingszwiebel
1 Handvoll Spinat
200 g passierte Tomaten
1 Mozzarella
Salz, Pfeffer

Nährwerte p. P.

347 kcal
14 g Kohlenhydrate
21 g Fett
23 g Eiweiß

1 Den Teig vorbereiten.

2 Die Zwiebel schälen und in Ringe schneiden, die Champignons putzen und in Scheiben schneiden. Das restliche Gemüse ebenfalls zerkleinern.

3 Die passierten Tomaten mit Pfeffer und Salz würzen und auf den Teigfladen verteilen.

4 Die Pinsen mit dem Gemüse belegen. Den Mozzarella in Scheiben schneiden oder zerreiben und auf das Gemüse geben.

5 Alles zusammen bei 240 °C Umluft / 260 °C Ober-/Unterhitze für ca. 13 Minuten backen.

SOMMERPINSA

4 Port. 15 Min. Leicht

Zutaten

200 g passierte Tomaten
2 EL Tomatenmark
100 g Cherrytomaten
50 g Salami
2 Zweige Thymian
1 Mozzarella
Salz, Pfeffer

Nährwerte p. P.

341 kcal
11 g Kohlenhydrate
24 g Fett
21 g Eiweiß

1 Den Teig vorbereiten und bei 240 °C Umluft / 260 °C Ober-/Unterhitze ca. 13 Minuten backen.

2 Den Thymian waschen und die Blätter abzupfen. Mit den passierten Tomaten, dem Tomatenmark sowie etwas Salz und Pfeffer verrühren.

3 Die Tomaten abwaschen und halbieren. Den Mozzarella in Scheiben schneiden.

4 Die fertigen Pinsen mit der Soße bestreichen und mit Salami, Tomaten und dem Mozzarella belegen.

HERBSTPINSA

4 Port.

15 Min.

Leicht

Zutaten

4 EL Olivenöl
2 Schalotten
50 g Gorgonzola
100 g Rohschinken
3 Feigen
50 g Rucola
1 EL gehackte Walnüsse

Nährwerte p. P.

288 kcal
7 g Kohlenhydrate
19 g Fett
21 g Eiweiß

1 Den Teig vorbereiten, mit Olivenöl bestreichen und bei 240 °C Umluft / 260 °C Ober-/Unterhitze für ca. 13 Minuten in den Ofen geben.

2 In der Zwischenzeit die Schalotten schälen und in Ringe schneiden. Die Ringe in einer Pfanne mit etwas Öl anbraten, bis sie glasig werden.

3 Den Schinken und die Feigen zerkleinern und den Rucola waschen.

4 Die fertigen Pinsen mit den Zutaten belegen.

WINTERPINSA

4 Port.

15 Min.

Leicht

Zutaten

2 EL Öl
30 g Chicorée
4 Champignons
100 g Kichererbsen
1 Schalotte
40 g getrocknete Tomaten

Nährwerte p. P.

7 kcal
0 g Kohlenhydrate
1 g Fett
0 g Eiweiß

1 Den Teig zubereiten und bei 240 °C Umluft / 260 °C Ober-/Unterhitze für ca. 8 Minuten backen.

2 Den Chicorée waschen und in Streifen schneiden und die Kichererbsen abtropfen lassen. Die Champignons putzen und in Scheiben schneiden, die Schalotte schälen und ebenfalls in Scheiben schneiden.

3 Das Öl auf den Pinsen verteilen und den Belag daraufgeben. Alles zusammen für weitere 5 Minuten backen.

PINSA SPARGEL

4 Port.

20 Min.

Leicht

Zutaten

200 g Spargel
200 g saure Sahne
100 g Frischkäse mit Kräutern
2 Eier

Nährwerte p. P.

236 kcal
9 g Kohlenhydrate
15 g Fett
15 g Eiweiß

1 Den Teig vorbereiten und bei 240 °C Umluft / 260 °C Ober-/Unterhitze ca. 13 Minuten backen.

2 In der Zwischenzeit den Spargel schälen, in mundgerechte Stücke schneiden und in einem Topf mit ausreichend Wasser ca. 15 Minuten lang kochen.

3 Die Eier mit der sauren Sahne und dem Frischkäse verrühren. Die Soße und den Spargel auf die fertige Pinsa geben.

PINSA KÜRBIS-APFEL

4 Port. 30 Min. Mittel

Zutaten

150 g Kürbis
100 g Apfel
250 g Karotten
200 g Schafskäse
50 g Kürbiskerne
1 EL Honig
1 EL Apfelessig
2 EL Öl

Nährwerte p. P.

356 kcal
21 g Kohlenhydrate
21 g Fett
19 g Eiweiß

1 Den Teig vorbereiten.

2 Den Kürbis und den Apfel in mundgerechte Stücke schneiden und in einem Topf mit ausreichend Wasser auf mittlerer Stufe ca. 10 Minuten köcheln.

3 Die Möhren schälen und in Scheiben schneiden. Zusammen mit dem Öl kurz anbraten. Dann mit ca. 100 ml Wasser ablöschen und ca. 5 Minuten köcheln. Den Apfelessig und den Honig dazugeben und weitere 5 Minuten köcheln.

4 Den Belag auf den Pinsen verteilen und alles zusammen bei 240 °C Umluft / 260 °C Ober-/Unterhitze ca. 13 Minuten lang backen.

PINSA CHAMPIGNON

4 Port. 20 Min. Mittel

Zutaten

8 Champignons
2 Schalotten
1 Paprika
4 EL Tomatenmark
8 kleine Scheiben Salami
2 TL Pizzagewürz
Salz, Pfeffer

Nährwerte p. P.

254 kcal
7 g Kohlenhydrate
18 g Fett
14 g Eiweiß

1 Den Teig vorbereiten.

2 Die Champignons putzen und in Scheiben schneiden. Das Tomatenmark auf den Pinsen verteilen, dann die Champignons daraufgeben. Die Pinsen bei 240 °C Umluft / 260 °C Ober-/Unterhitze in den Ofen geben und 13 Minuten backen.

3 In der Zwischenzeit die Paprika waschen und die Schalotten schälen und beides in kleine Würfel schneiden.

4 Den Belag auf die fertigen Pinsen geben. Mit Pizzagewürz, Salz und Pfeffer würzen.

PINSA TRAUBE

4 Port.

15 Min.

Leicht

Zutaten

1 rote Zwiebel
150 g Crème fraîche
100 g rote Trauben, kernlos
1 Knoblauchzehe
1 EL Essig
1 TL Öl

Nährwerte p. P.

500 kcal
14 g Kohlenhydrate
42 g Fett
17 g Eiweiß

1 Den Teig vorbereiten und bei 240 °C Umluft / 260 °C Ober-/Unterhitze 13 Minuten backen.

2 Währenddessen die Zwiebel und den Knoblauch schälen und fein hacken. Mit der Crème fraîche, dem Essig und dem Öl verrühren. Die Trauben halbieren.

3 Die fertigen Pinsen aus dem Ofen nehmen und erst mit der Creme bestreichen, dann mit den Trauben belegen.

PINSA RHABARBER

   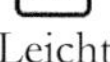

4 Port. 35 Min. Leicht

Zutaten

200 g Crème fraîche
4 Stangen Rhabarber
30 g Zucker
75 g Ziegenkäse
3 Frühlingszwiebeln
2 EL Walnüsse
Salz, Pfeffer

Nährwerte p. P.

331 kcal
45 g Kohlenhydrate
9 g Fett
10 g Eiweiß

1 Den Teig vorbereiten.

2 Den Rhabarber waschen und in mundgerechte Stücke schneiden. Mit Zucker bestreuen und 20 Minuten ziehen lassen.

3 In der Zwischenzeit die Frühlingszwiebel waschen und in Ringe schneiden und den Ziegenkäse in Scheiben schneiden. Die Crème fraîche mit Salz und Pfeffer abschmecken.

4 Erst die Crème fraîche auf den Fladen verteilen, dann den Rhabarber, die Frühlingszwiebeln und den Käse daraufgeben. Die Pinsen bei 240 °C Umluft / 260 °C Ober-/Unterhitze ca. 13 Minuten lang backen.

5 Die Walnüsse zerhacken und auf den Pinsen verteilen.

PINSA KARTOFFEL

4 Port. 15 Min. Leicht

Zutaten

150 g Kartoffeln
120 g Crème fraîche
Salz, Pfeffer

Nährwerte p. P.

235 kcal
14 g Kohlenhydrate
18 g Fett
3 g Eiweiß

1 Den Teig vorbereiten und bei 240 °C Umluft / 260 °C Ober-/Unterhitze ca. 13 Minuten backen.

2 Währenddessen die Kartoffeln in hauchdünne Scheiben schneiden und ca. 5 Minuten lang kochen.

3 Die Crème fraîche mit Pfeffer und Salz würzen und auf die fertigen Pinsen geben. Mit den Kartoffeln belegen.

PINSA ROTE BETE

4 Port. 35 Min. Leicht

Zutaten

150 g Rote Bete
1 Zwiebel
5 EL Crème fraîche
5 EL Frischkäse
Salz, Pfeffer

Nährwerte p. P.

223 kcal
10 g Kohlenhydrate
18 g Fett
4 g Eiweiß

1 Den Teig vorbereiten.

2 Die Crème fraîche mit dem Frischkäse verrühren und mit Salz und Pfeffer abschmecken.

3 Die Rote Bete in Scheiben schneiden. Die Zwiebel schälen und in Würfel schneiden.

4 Die Pinsafladen mit der Creme bestreichen und belegen.

5 Bei 240 °C Umluft / 260 °C Ober-/Unterhitze ca. 13 Minuten lang backen.

Süße Pinsa-Variationen

PINSA SCHOKO-BANANE

4 Port.

15 Min.

Leicht

Zutaten

80 g Schokocreme
2 Bananen
1 Handvoll Pistazien

Nährwerte p. P.

328 kcal
40 g Kohlenhydrate
15 g Fett
6 g Eiweiß

1 Den Teig vorbereiten und bei 240 °C Umluft / 260 °C Ober-/Unterhitze ca. 13 Minuten backen.

2 In der Zwischenzeit die Bananen in Scheiben schneiden.

3 Die fertigen Pinsen mit der Schokocreme bestreichen und mit den Bananen und den Pistazien belegen.

PINSA GRANATAPFEL

4 Port. | 20 Min. | Leicht

Zutaten

200 g Vanillejoghurt
50 g Granatapfelkerne
50 g Puderzucker
40 g Schokoraspel, weiß

Nährwerte p. P.

430 kcal
60 g Kohlenhydrate
19 g Fett
5 g Eiweiß

1 Den Teig vorbereiten und bei 240 °C Umluft / 260 °C Ober-/Unterhitze ca. 13 Minuten backen.

2 Die fertigen Pinsen mit Joghurt bestreichen und die Granatapfelkerne und Schokoraspel darauf verteilen.

3 Den Puderzucker auf die Pinsen streuen.

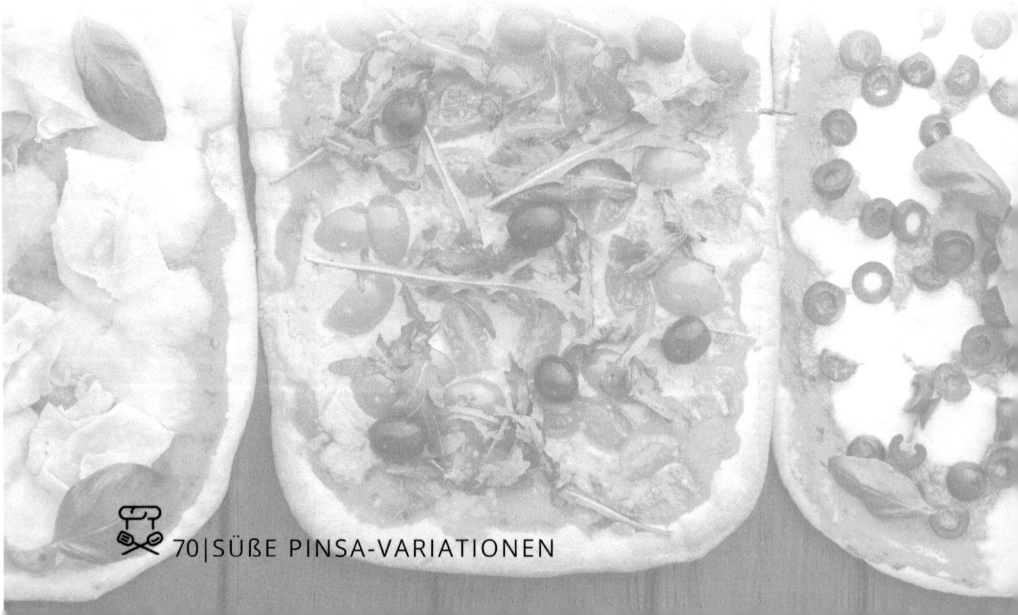

PINSA BEERE

4 Port. 15 Min. Leicht

Zutaten

200 g gemischte Beeren
100 ml Vanillesoße

Nährwerte p. P.

316 kcal
55 g Kohlenhydrate
4 g Fett
7 g Eiweiß

1 Den Teig vorbereiten und bei 240 °C Umluft / 260 °C Ober-/Unterhitze ca. 13 Minuten backen.

2 Die Beeren auf den fertigen Pinsen verteilen und mit der Vanillesoße übergießen.

PINSA APFEL-ZIMT

4 Port. 15 Min. Leicht

Zutaten

4 Äpfel
50 g Zimt
20 g Zucker

Nährwerte p. P.

285 kcal
63 g Kohlenhydrate
1 g Fett
2 g Eiweiß

1 Den Teig vorbereiten und bei 240 °C Umluft / 260 °C Ober-/Unterhitze ca. 8 Minuten backen.

2 In der Zwischenzeit die Äpfel waschen, entkernen und in Würfel schneiden.

3 Die Apfelstücke sowie den Zimt und den Zucker auf die Pinsen geben und alles zusammen für weitere 5 Minuten backen.

PINSA PFLAUME

4 Port. 15 Min. Leicht

Zutaten

200 g Pflaumenmus
100 g frische Pflaumen

Nährwerte p. P.

227 kcal
53 g Kohlenhydrate
1 g Fett
1 g Eiweiß

1 Den Teig vorbereiten und bei 240 °C Umluft / 260 °C Ober-/Unterhitze ca. 13 Minuten backen.

2 In der Zwischenzeit die Pflaumen waschen und in kleine Stückchen schneiden.

3 Die fertigen Pinsen mit dem Pflaumenmus bestreichen und mit den Pflaumen belegen.

PINSA OREO

4 Port. 15 Min. Leicht

Zutaten

100 g Oreo-Kekse
200 g Vanillepudding
50 g Schokolade
20 g Zimt-Zucker-Mischung

Nährwerte p. P.

673 kcal
73 g Kohlenhydrate
38 g Fett
8 g Eiweiß

1 Den Teig vorbereiten und bei 240 °C Umluft / 260 °C Ober-/Unterhitze für ca. 13 Minuten in den Ofen geben.

2 In der Zwischenzeit die Kekse zerbröseln und die Schokolade vorsichtig schmelzen.

3 Die fertigen Pinsen mit dem Vanillepudding bestreichen und mit den Keksen belegen. Dann die geschmolzene Schokolade und die Zimt-Zucker-Mischung darübergeben.

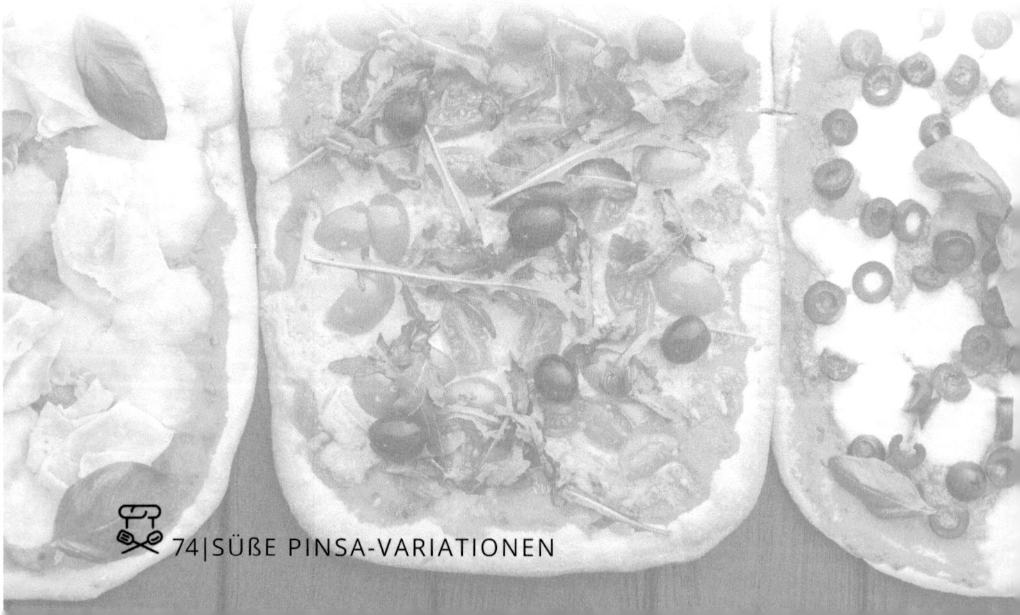

PINSA COOKIE DOUGH

4 Port. 15 Min. Leicht

Zutaten

90 g Weizenmehl
60 g Butter, weich
2 EL Zucker
40 g Vollrohrzucker, braun
1 EL Milch
75 g Schokoraspel
70 ml Karamellsoße

Nährwerte p. P.

814 kcal
94 g Kohlenhydrate
45 g Fett
8 g Eiweiß

1 Den Teig vorbereiten und bei 240 °C Umluft / 260 °C Ober-/Unterhitze ca. 13 Minuten backen.

2 Für den Cookie Dough alle Zutaten bis auf die Karamellsoße miteinander verrühren.

3 Den Cookie Dough auf die fertigen Pinsen geben und mit der Soße garnieren.

PINSA RICOTTA-ERDBEERE

4 Port.

15 Min.

Leicht

Zutaten

150 g Ricotta
100 g Erdbeeren
4 EL Honig
25 g weiße Schokolade

Nährwerte p. P.

220 kcal
16 g Kohlenhydrate
14 g Fett
7 g Eiweiß

1 Den Teig vorbereiten und bei 240 °C Umluft / 260 °C Ober-/Unterhitze ca. 13 Minuten backen.

2 In der Zwischenzeit die Erdbeeren waschen und halbieren und die Schokolade schmelzen.

3 Die fertigen Pinsen mit Ricotta bestreichen und mit den Erdbeeren belegen. Den Honig und die geschmolzene Schokolade auf dem Belag verteilen.

PINSA 15

4 Port.

20 Min.

Leicht

Zutaten

200 g Vanilleeis
100 g gemischtes Obst
50 ml Schokosoße

Nährwerte p. P.

628 kcal
84 g Kohlenhydrate
24 g Fett
11 g Eiweiß

1 Den Teig vorbereiten und bei 240 °C Umluft / 260 °C Ober-/Unterhitze für ca. 13 Minuten in den Backofen geben.

2 In der Zwischenzeit das Obst schneiden.

3 Das Eis in Kugeln auf die fertige Pinsa geben. Mit dem Obst und der Schokosoße garnieren.

PINSA SCHOKO-PISTAZIE

4 Port. 15 Min. Leicht

Zutaten

8 EL gehackte Pistazien
100 g Naturjoghurt
80 g Schokocreme

Nährwerte p. P.

477 kcal
30 g Kohlenhydrate
32 g Fett
15 g Eiweiß

1 Den Teig vorbereiten und ca. 13 Minuten bei 240 °C Umluft / 260 °C Ober-/Unterhitze backen.

2 Die fertigen Pinsen mit der Schokocreme bestreichen, dann den Joghurt daraufgeben und die Pistazien verteilen.

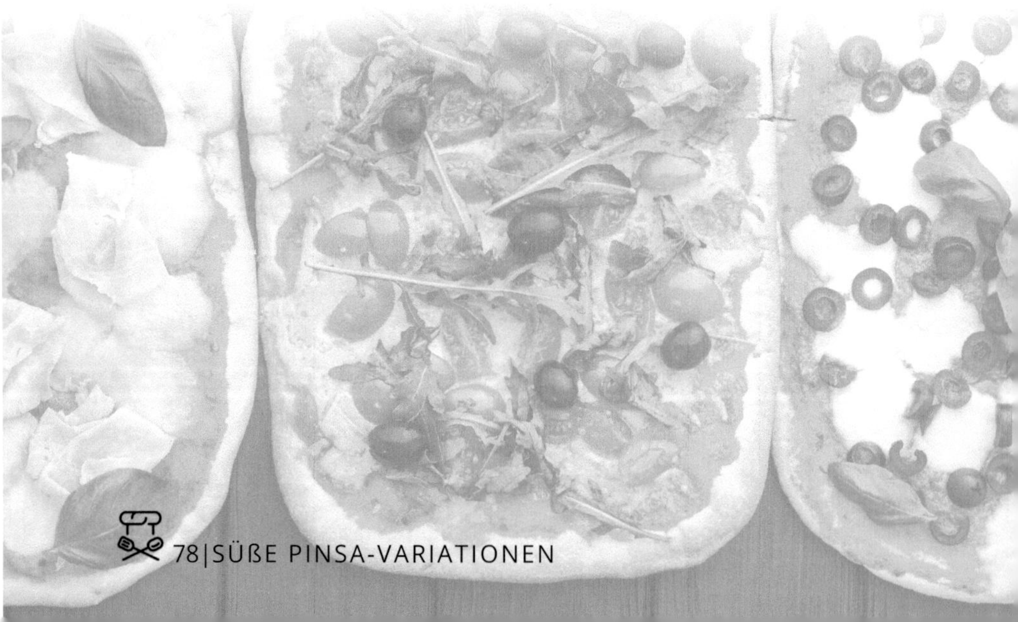

PINSA APFEL-MANDEL

4 Port.

15 Min.

Leicht

Zutaten

2 Äpfel
100 g Mandeln
80 g Mascarpone
4 EL Honig

Nährwerte p. P.

508 kcal
21 g Kohlenhydrate
39 g Fett
13 g Eiweiß

1 Den Teig vorbereiten und bei 240 °C Umluft / 260 °C Ober-/Unterhitze für ca. 13 Minuten in den Backofen geben.

2 In der Zwischenzeit die Mandeln klein hacken und die Äpfel waschen, entkernen und in Würfel schneiden.

3 Die fertigen Pinsen mit der Mascarpone bestreichen, mit den Mandeln und den Äpfeln belegen und den Honig darauf verteilen.

PINSA PFIRSICH

4 Port.

2150 Min.

Leicht

Zutaten

200 g Mascarpone
1 Vanilleschote
4 Pfirsiche
50 g Heidelbeeren
50 g brauner Zucker

Nährwerte p. P.

462 kcal
48 g Kohlenhydrate
16 g Fett
9 g Eiweiß

1 Den Teig vorbereiten und bei 240 °C Umluft / 260 °C Ober-/Unterhitze ca. 10 Minuten backen.

2 In der Zwischenzeit die Heidelbeeren und die Pfirsiche waschen und trocknen lassen.

3 Das Vanillemark aus der Schote holen und mit der Mascarpone verrühren. Die Pfirsiche entkernen und in Streifen schneiden.

4 Die Mascarpone auf die angebackenen Pinsen geben und mit den Pfirsichen und Heidelbeeren belegen. Dann den braunen Zucker darauf verteilen und alles zusammen für weitere 3 Minuten in den Backofen geben.

PINSA PASSIONSFRUCHT

4 Port.

15 Min.

Leicht

Zutaten

50 g Mascarpone
50 g Crème fraîche
2 Passionsfrüchte
50 g Pistazien
50 g Rosinen

Nährwerte p. P.

376 kcal
24 g Kohlenhydrate
26 g Fett
9 g Eiweiß

1 Den Teig vorbereiten und für 13 Minuten bei 240 °C Umluft / 260 °C Ober- /Unterhitze in den Backofen geben.

2 In der Zwischenzeit die Pistazien zerhacken und das Fruchtfleisch der Passionsfrüchte in Würfel schneiden.

3 Die Crème fraîche mit der Mascarpone verrühren.

4 Die fertigen Pinsen mit der Mascarpone-Creme bestreichen und mit den Passionsfrüchten, den Rosinen und den Pistazien belegen.

Soßen & Dips

TOMATENSOßE

4 Port.

30 Min.

Leicht

Zutaten

400 g passierte Tomaten
1 TL Salz
1 TL Zucker
1 Prise Pfeffer
1 Handvoll Basilikum
1 EL Olivenöl
1 Knoblauchzehe

Nährwerte p. P.

151 kcal
18 g Kohlenhydrate
8 g Fett
3 g Eiweiß

1 Den Knoblauch schälen und zerhacken. Das Öl in einer großen Pfanne oder in einem Kochtopf erhitzen und den Knoblauch ca. 1 Minute darin anbraten.

2 Mit den passierten Tomaten ablöschen. Das Salz, den Zucker und den Pfeffer hinzugeben und gut verrühren.

3 Die Basilikumblätter abzupfen, zerhacken und ebenfalls in die Pfanne / den Topf geben.

4 Alles zusammen bei niedriger Hitze ca. 20 Minuten köcheln lassen.

WEIẞE SOẞE

4 Port.

10 Min.

Leicht

Zutaten

450 ml Milch
50 g Butter
50 g Parmesan
35 g Mehl
1 Knoblauchzehe
1 TL Salz

Nährwerte p. P.

497 kcal
25 g Kohlenhydrate
36 g Fett
17 g Eiweiß

1 Den Knoblauch schälen und zerhacken und in einer Pfanne mit etwas Öl auf mittlerer Stufe kurz anbraten.

2 Mit der Milch ablöschen und gut verrühren. Den Herd ausschalten.

3 Die Butter in einem Topf schmelzen und das Mehl unterrühren. Ca. 3 Minuten bei mittlerer Temperatur anrösten, bis ein nussiger Geruch entsteht.

4 Die Knoblauchmilch in den Topf geben und unter ständigem Rühren warten, bis die Soße angedickt ist.

5 Den Parmesan und das Salz dazugeben und alles zu einer cremigen Masse verrühren.

HONIG-CHILI-SOẞE

4 Port.

5 Min.

Leicht

Zutaten

150 g Honig
50 ml Weißweinessig
1 TL Chiliflocken
1 Prise Salz

Nährwerte p. P.

257 kcal
63 g Kohlenhydrate
1 g Fett
1 g Eiweiß

1 Alle Zutaten miteinander vermischen.

2 Die Konsistenz anpassen: Ist die Soße zu flüssig, noch etwas Honig hinzugeben, soll sie flüssiger sein, mehr Weißweinessig hinzugeben.

AIOLI-DIP

4 Port.

5 Min.

Leicht

Zutaten

2 Knoblauchzehen
150 ml Sonnenblumenöl
50 ml Milch
1 EL Zitronensaft
Je 1 Prise Salz und Pfeffer

Nährwerte p. P.

645 kcal
4 g Kohlenhydrate
69 g Fett
1 g Eiweiß

1 Den Knoblauch schälen. Die Milch und den Knoblauch in ein Gefäß geben und pürieren.

2 Das Sonnenblumenöl nach und nach unterrühren.

3 Mit dem Salz, dem Pfeffer und dem Zitronensaft abschmecken.

MANGO-CHILI-SOßE

2 Port.

5 Min.

Leicht

Zutaten

2 Chilischoten
1 Mango
3 cm Ingwer
50 ml Maracujasaft
1 EL Zucker
2 EL Salz

Nährwerte p. P.

94 kcal
19 g Kohlenhydrate
1 g Fett
1 g Eiweiß

1 Das Fruchtfleisch der Mango von der Schale trennen und den Ingwer schälen.

2 Alle Zutaten in ein Gefäß geben und pürieren.

MARIANA-DIP

4 Port. 20 Min. Leicht

Zutaten

500 g Tomaten
3 Knoblauchzehen
1 EL Olivenöl
1 TL Basilikum
1 TL Salz
1 TL Oregano

Nährwerte p. P.

139 kcal
12 g Kohlenhydrate
8 g Fett
3 g Eiweiß

1 Den Knoblauch schälen und mit der breiten Seite eines Messers zerdrücken.

2 Die Tomaten kurz in kochendes Wasser geben und danach sofort abschrecken. Die Schale abziehen.

3 Das Olivenöl in einer Pfanne auf mittlerer Stufe erhitzen. Den Knoblauch darin anbraten.

4 Alle Zutaten in die Pfanne geben und pürieren. Alles zusammen 15 Minuten auf kleiner Stufe köcheln lassen.

PAPRIKA-FETA-DIP

4 Port.

10 Min.

Leicht

Zutaten

1 Paprika
100 g Feta
50 ml Sahne
2 Knoblauchzehen
2 EL Tomatenmark
1 Zwiebel
2 EL Olivenöl

Nährwerte p. P.

325 kcal
12 g Kohlenhydrate
25 g Fett
10 g Eiweiß

1 Die Zwiebel und den Knoblauch schälen und zerhacken. Die Paprika waschen und zusammen mit dem Feta würfeln.

2 Das Olivenöl in einer Pfanne auf mittlerer Stufe erhitzen und die Zwiebel und den Knoblauch darin anbraten, bis die Zwiebel glasig wird.

3 Das Tomatenmark in die Pfanne geben und kurz mit anrösten.

4 Die Paprika, die Sahne und den Feta dazugeben und gut verrühren, bis sich eine zähflüssige Masse ergeben hat.

Tipp: Sollte der Dip zu zähflüssig sein, einfach noch etwas mehr Sahne dazugeben.

ERDNUSS-SOßE

 4 Port.

 10 Min.

Leicht

Zutaten

100 g Erdnussbutter
75 ml Sojasoße
3 TL Zitronensaft

Nährwerte p. P.

342 kcal
11 g Kohlenhydrate
26 g Fett
16 g Eiweiß

1 Alle Zutaten zusammen in ein Gefäß geben und verrühren.

2 Falls die Soße flüssiger sein soll, einfach 1 bis 2 EL Wasser hinzugeben.

ROTE-BETE-SOẞE

4 Port.

1 Std.

Leicht

Zutaten

1 Rote Bete
2 Knoblauchzehen
1 EL Weißweinessig
1 EL Olivenöl
1 Prise Salz

Nährwerte p. P.

106 kcal
8 g Kohlenhydrate
8 g Fett
1 g Eiweiß

1 Die Rote Bete in ca. 5 cm große Würfel schneiden und in Olivenöl tränken. Den Knoblauch schälen.

2 Die Rote Bete zusammen mit dem Knoblauch in Alufolie wickeln und bei 200 °C Umluft / 220 °C Ober-/Unterhitze für 45 bis 50 Minuten in den Ofen geben, bis sie weich wird. Danach abkühlen lassen.

3 Alle Zutaten in ein Gefäß geben und pürieren.

KÄSE-DIP

4 Port. 10 Min. Leicht

Zutaten

250 g Käse
3 Chilischoten
90 ml Milch
60 ml Sahne
1 TL Senf

Nährwerte p. P.

677 kcal
5 g Kohlenhydrate
57 g Fett
36 g Eiweiß

1 Die Milch mit der Sahne und dem Senf in einen Topf geben und auf mittlerer Stufe erwärmen.

2 Den Käse nach und nach dazugeben und unter ständigem Rühren schmelzen. Die Chili fein hacken und dazugeben.

3 Alles zusammen ca. 5 Minuten köcheln lassen.

SÜßER DIP

  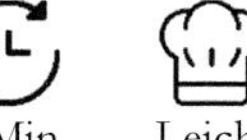 

4 Port. 5 Min. Leicht

Zutaten

120 g Frischkäse
100 ml Milch
1 Zitrone
5 EL Puderzucker
2 TL Vanillepaste

Nährwerte p. P.

304 kcal
31 g Kohlenhydrate
17 g Fett
6 g Eiweiß

1 Die Zitrone halbieren und auspressen.

2 Den Zitronensaft mit der Milch und dem Frischkäse verrühren.

3 Die Vanillepaste und den Puderzucker unterrühren.

AVOCADO-DIP

4 Port. 5 Min. Leicht

Zutaten

150 g Crème fraîche
75 ml Milch
1 Avocado
1 Knoblauchzehe
5 Stängel Basilikum
Salz, Pfeffer

Nährwerte p. P.

488 kcal
6 g Kohlenhydrate
47 g Fett
6 g Eiweiß

1 Die Blätter vom Basilikum abzupfen und waschen. Den Knoblauch schälen und zerhacken.

2 Das Fruchtfleisch aus der Avocado kratzen. Alle Zutaten in ein Gefäß geben und pürieren.